Made in the USA
Monee, IL
24 November 2020

49321053R00068